CW00486234

Bibliografische Information der Deutschen Nationalbibliothek:

Die Deutsche Bibliothek verzeichnet diese Publikation in der Deutschen Nationalbibliografie; detaillierte bibliografische Daten sind im Internet über http://dnb.d-nb.de/ abrufbar.

Impressum:

Druck und Bindung: Books on Demand GmbH, Norderstedt Germany
ISBN: 9783668938847

Dieses Buch bei GRIN:

https://www.grin.com/document/468462

Heinrich Wammetsberger

Mythen früher und heute. Identifikationsmerkmal einer jeden Kultur?

GRIN Verlag

Mythen früher und heute
und
Identifikationsmerkmal einer jeden Kultur?

Heinrich Wammetsberger
Modul: Interkulturelle Kompetenz
08.02.2019

Mythen früher und heute-Identifikationsmerkmal einer jeden Kultur?

Inhalt

1. Einleitung in die Seminararbeit

In der vorliegenden Seminararbeit soll zunächst ein fundamentales Verständnis von Mythen allgemein vorausgesetzt werden und eine gewisse Abgrenzung zwischen traditioneller und moderner Mythologie erfolgen. Außerdem wird der Begriff Sage und Mythos im Folgenden gleichgesetzt:

> „Die begriffliche Abgrenzung von Mythos und Sage ist nicht eindeutig. Die Präsentation des Übersinnlich-Wunderbaren in phantastischen Erzählungen (…) trifft eben auch für den Mythos zu" (vgl. Kluckert 2006: 16).

Das Aufzeigen von Problemen und geeignete Lösungsansätze bei der Analysierung von Mythen, ermöglichen dem Leser dieser Seminararbeit die Intention der Erzählungen richtig zu deuten. Danach folgen Beschreibungen von typischen Mythen aus dem Altertum. Diese werden dann mit Mythen aus der heutigen digitalen Zeit verglichen. Vor allem wird zum Ende hin geklärt, ob und in welchem Ausmaß ein Zusammenhang zwischen Mythos und Kultur besteht. Der letzte Punkt vor der

Rückführung soll beleuchten, inwiefern kulturspezifische Mythen Einfluss auf interkulturelle Kommunikation haben. Das Ziel dieser Seminararbeit ist, die Frage zu beantworten, ob Mythen Identifikationsmerkmale einer jeden Kultur sind oder nicht.

> „Das altgriechische Wort *mythos* bedeutete ursprünglich ‚Wort' oder ‚Rede'. (...) Frühzeitig erweiterte sich jedoch die Bedeutung auf ‚Gespräch', ‚Erzählung' und ‚Dichtung', ‚Sage aus vorgeschichtlicher Zeit' oder schlichtweg ‚Unwahrheit'" (vgl. Unger 2016: 9).

Um ein fundamentales Verständnis von Mythen an sich zu erlangen, wird das folgende Zitat von Wilkinson und Philip aufgeführt:

> „Mythen sind heilige Geschichten. Sie erzählen von der Entstehung der Welt, vom Erscheinen der Götter und der ersten Menschen, von Heldenabenteuern und kühnen Trickstern, vom Himmel und der Unterwelt und von den Geschehnissen am Ende der Zeit. Jede Kultur besitzt ihre eigenen Mythen, die von Generation zu Generation weitergegeben werden" (vgl. Wilkinson/ Philip 2008:14).

Das Verhältnis von der Moderne zum Mythos wird auf zwei, häufig deutlich getrennten Ebenen, gekennzeichnet. Hierbei wird zwischen „alten" bzw. antiken Mythen welche immer noch in der Moderne existieren und „neuen", aus der Moderne hervorgehenden Mythen unterschieden (vgl. Wodianka/ Ebert 2014: V). Der signifikanteste Unterschied von modernen zu traditionellen Mythen besteht lediglich darin, dass in modernen Mythen bzw. Sagen nicht mehr von Göttern, Hexen oder Zauberern die Rede ist. Vielmehr stammen die in den modernen Sagen verwendeten Motive aus der realen Umwelt und sind trotz ihrer Fiktionalität, viel weniger phantastisch oder irrational. Wie auch die älteren Volkssagen erklären und belehren wollen, ist die Grundintention der modernen Sagen die Gleiche (vgl. Brednich 1990: 21).

2. Analysierung von Mythen

Um Mythen zu verstehen, sollte man nicht danach suchen wodurch Mythen motiviert sind oder was sie aussagen. Vielmehr sollte man versuchen sich die Funktionsweise von Mythen begreiflich zu machen. Hierbei können allerlei Probleme auftauchen: Erstens haben Mythen keinen Autor. Eine Erschließung dessen was ein Sprecher gemeint haben könnte wird also von vorneherein ausgeschlossen (Intentionaltheorie der Bedeutung). Zweitens ist der Zugang zu denjenigen Sprachgemeinschaften, die den jeweiligen Mythos oral überliefert haben, nur noch begrenzt zugänglich. Dadurch lässt sich ein Urteil über die Angemessenheit einer Äußerung innerhalb der jeweiligen Sprachgemeinschaft nur noch schwerlich fällen (konventionalistische Theorie der Bedeutung). Aber nicht nur die Probleme eines interpretativen Zugangs zum Inhalt des Mythos bereiten Schwierigkeiten. Auch die funktionale Bestimmung kann nur schwerlich bestimmt werden. Wenn man nämlich einen Mythos nur darauf hin betrachtet, welche Rolle er in einer bestimmten Gesellschaft spielt, wird schnell übersehen dass er unweigerlich auf eine seiner Dimension reduziert werden muss. Jedoch handeln Mythen nicht nur von Sozialität sondern gleichzeitig von Astronomie, Zoologie, Botanik und so weiter. Durch Favorisierung einer dieser Dimensionen als erklärenden Faktor würde nicht nur die Vielfältigkeit nicht gerecht, auch die Symbolik könnte zu kurz kommen. Um dem entgegenzuwirken sollten Mythen auf zwei Ebenen gleichzeitig untersucht werden. Auf der einen Seite bietet der Mythos eine narrative Erklärung, bestehend aus elementaren Gegensätzen menschlicher Erfahrung. Beispiele hierfür wären: die Verschiedenheit von Himmel und Erde, der Gegensatz von Mann und Frau, der Wechsel von Leben und Tod usw. Auf der anderen Seite wird die Funktionsweise symbolischen Denkens illustriert, indem ein Problem gestellt und behandelt wird. Dadurch zeigt der Mythos, dass das Problem zu anderen Problemen analog ist (vgl. Kauppert 2008: 59 f.).

3. Mythen aus der Vergangenheit

Schon seit jeher haben Menschen jeder Kultur versucht, sich mit ihren jeweiligen Mitteln die Welt in der sie lebten zu erklären. Da meist die Mittel zur Erarbeitung von realen wissenschaftlichen Theorien fehlten, wurden über Jahrhunderte hinweg Sagen, Legenden und Mythen geschaffen. Dabei wurde der Zweck verfolgt, im symbolischen Sinne Erklärungen für die Entstehung der Welt, Naturkatastrophen, Kriege und weitere einflussnehmende Ereignisse aus dieser Zeit zu liefern (vgl. Comte 2008: 12). Vor allem die zivilisierten Kulturen des Altertums, die alten Griechen, Römer und Ägypter, schufen alleine mit ihren Geschichten über Götter und Halbgötter eine Vielzahl an Mythensammlungen. Im Folgenden soll ein Überblick darüber entstehen, wie diese Sammlungen entstanden und welche Intention sie verfolgten.

3.1 Mythen der alten Griechen

Die Bewohner des alten Griechenlands machten sich bereits sehr früh Gedanken über die Entstehung der Welt, der Götter und der Menschen. Außerdem beschäftigte sie die Frage, in welcher Beziehung sie zu den Göttern standen. Hesiod, ein berühmter Dichter der alten Griechen, ging davon aus, dass am Anfang aller Dinge das Chaos war. Daraus entsprangen die Erde (Gaia), die Liebe (Eros), die Finsternis (Erebos) und schließlich die Nacht (Nyx). Von Nacht und Finsternis wurde die obere Luft (Aither) und der Tag geboren und die Erde brachte den Himmel (Uranos), die Berge und das Meer (Pontos) hervor. Dann vermählte sich die Erde mit dem Himmel und brachte die Titanen hervor. Darunter der starke Kronos, welcher mit seinen Geschwistern die Welt beherrschen sollte (vgl. Rose 1969: 16 f.). Aus ihm und seiner Frau Rheia entsprangen sodann die Götter des Olymp: Zeus, Poseidon, Hera, Demeter, Apollon, Artemis, Athene, Ares, Aphrodite, Hermes, Hephaistos und Hestia (vgl. Wilkinson/ Philip 2008: 40 f.). Nach Wunsch von Zeus und der Zustimmung von Athene wurden dann die sterblichen Menschen aus Ton geschaffen (ebd.: 37).

3.2 Mythen der alten Ägypter

Auch das alte Ägypten, welches etwa vom vierten Jahrtausend v. Chr. bis zum Jahr 395 n. Chr. reichte, besitzt eine komplexe Mythensammlung, hauptsächlich bestehend aus mehreren Schöpfungsgeschichten und den damit zusammenhängenden Gottheiten. So bestand der Glaube, dass sich vor Beginn der Zeit, im Urozean eine kosmische Schlange befand. Diese Schlange wurde zum Symbol der Ewigkeit und der steten Erneuerung der Zeit. Aus diesem Schöpfer manifestierte sich der Sonnengott Re, und symbolisierte damit die Sonne und die Schöpfung. Weitere Götter wie Schu, Gott der trockenen Luft; Tefnut, Göttin der feuchten Luft; Geb, Erdgott; Nut, Himmelsgöttin und Thot, Mondgott, folgten (vgl. Wilkinson/ Philip 2008: 226). Ein weiteres, überaus bedeutsames Symbol für Tod und Wiederauferstehung versinnbildlichte der Fluss Nil. Dieser überflutet und verwüstet jährlich das gesamte Land mit schrecklichen Hochwassern und verwandelt es in einen riesigen Sumpf. Nach dem Absinken des Wassers ersteht die Erde üppiger und fruchtbarer als je zuvor. Diese Düngung ermöglicht eine Überfülle an Erträgen und Reichtum. Für kaum ein Land ist ein Fluss so bedeutsam, wie der Nil (vgl. Comte 2008: 100).

4. Mythen heute

Die Gemeinsamkeiten von modernen Sagen und traditionellen Mythen bzw. alten Sagen, bestehen im Kern aus dem Unerhörten, dem Außergewöhnlichen und dem Rätselhaften. Außerdem ist der Wahrheitsgehalt dieser Sagen meist bzw. immer fragwürdig. Während traditionelle Mythen, wie die der bereits genannten Antike, Erklärungen für Schöpfung, Naturkatastrophen, Krieg oder andere Schicksale liefern sollen, handeln moderne Mythen bzw. Sagen meistens von außergewöhnlichen Erlebnissen, Ereignissen und Erscheinungen aus dem Leben bestimmter Personen und Personenkreisen. Diese modernen Mythen haben genauso wie ihre Vorgänger den Zweck, für all dies Außergewöhnliche Erklärungen zu finden und wurden vor Zeiten des Internets meist mündlich weitergegeben oder waren gar in schriftlicher Form vorhanden (vgl. Brednich 1990: 6f.). Einige dieser Geschichten beziehungsweise Halbwahrheiten werden im folgenden Punkt aufgeführt. Jetzt, im digitalen Zeitalter, ist es möglich diese vermeintlichen Wahrheiten viel schneller zu verbreiten und damit auch mehr Menschen zu erreichen. Beispiele hierfür, auf die im letzten Unterpunkt eingegangen werden soll, liefern Behauptungen, welche während der Flüchtlingskrise im Jahr 2015 in sozialen Netzwerken gegenüber Menschen aus anderen Kulturkreisen kursierten. Hier soll zudem ein gewisser Bezug zu Mythen im interkulturellen Kontext aufgebaut werden.

4.1 Moderne Mythen in der Literatur

Die ausgewählten Erzählungen wurden ausgewählt, um einen gewissen Eindruck zu vermitteln in welcher Art Mythen in der heutigen Zeit auftreten können. Wie bereits in der Einleitung erwähnt, gibt es zwei grundlegende Unterscheidungen bei modernen Sagen. Zum einen liegen Mythen vor, welche aus der Vergangenheit hervorgegangen sind und immer noch existieren. Zum anderen haben die Erzählungen ihren Ursprung in der Gegenwart (vgl. Wodianka/ Ebert 2014: V).

Der erste Mythos stammt aus dem Buch: „Warum Spinat nur Popeye stark macht" von Ernst Peter Fischer und sagt aus: „Im Mittelalter glaubten die Menschen die Erde sei eine Scheibe". Diese Aussage soll zudem die Begründung dafür sein, dass die Menschen im Mittelalter nichts von der Erdanziehung wussten. Doch spätestens seit der griechischen Antike war bereits bekannt, dass die Erde die Form einer Kugel hat. Auch erste Abschätzungen über den Umfang lagen vor. Im Mittelalter suchten Gelehrte bereits nach Methoden, um herauszufinden, wie der Planet auf dem sie lebten, die geometrische Idealform erreicht. Dieser Mythos wurde vermutlich mit böswilligen Absichten nachfolgender Generationen verbreitet, wird aber heute noch ungeprüft in den Geschichtsbüchern weiterverbreitet (vgl. Fischer 2011: 204).

Der zweite Mythos wurde dem Buch: „Die Spinne in der Yucca-Palme“ von Rolf Wilhelm Brednich entnommen und hat seinen Ursprung in der Gegenwart:

> „Die Frau eines Bekannten wollte unbedingt mal wieder von ihrem Mann zum Essen ausgeführt werden. In Göttingen hatte gerade ein neues griechisches Restaurant eröffnet, und alle ihre Bekannten waren schon dort gewesen. (...) Sie verbrachten einen gemütlichen Abend und kehrten gesättigt und zufrieden nach Hause zurück. Stolz, nun endlich auch in dem Restaurant gewesen zu sein, erzählte die Frau am nächsten Morgen sofort ihrer Nachbarin von dem vorzüglichen Essen. Doch anstatt in ihre Begeisterung einzustimmen, schaute die Nachbarin die Frau nur ganz entsetzt an und rief aus: Aber es stand doch gestern in der Zeitung, daß [sic!] die dort mit Hundefutter kochen!“

Diese Erzählung eignet sich hervorragend, um zu zeigen, wie aus unbestätigten Gerüchten nur durch Lokalisierung, Datierung und Zuschreibung an bestimmten Personen, eine Erzählung ins Leben gerufen wird, die das Misstrauen der Bevölkerung gegen alles Fremde und Andersartige nur noch hervorhebt (vgl. Brednich 1990: 99 f.).

4.2 Mythen während der Flüchtlingskrise von Deutschen gegenüber Geflüchteten

Wie bereits erwähnt, sollen in diesem Punkt nun einige Behauptungen, die während der Flüchtlingskrise in Deutschland ab 2015 kursierten, wiedergegeben und widerlegt werden. Diese Behauptungen werden in der vorliegenden Seminararbeit wie moderne Mythen behandelt, da Flüchtlinge bzw. Menschen aus anderen Kulturkreisen in Deutschland für viele Menschen immer noch etwas Außergewöhnliches und Rätselhaftes bedeuteten. „Mythen thematisieren oft die Beziehung des Eigenen zum Anderen/Fremden, (...) zu anderen Kulturen oder Wesenheiten (...).“[1] Ungefähr in der Art, in der traditionelle Mythen Erklärungen für Außergewöhnliche Situationen oder Umstände lieferten, lieferten sich zahlreiche

[1] vgl. Elke Mader: Theoretische Mythenforschung-Theoretische Perspektiven und Beispiele aus Lateinamerika in: www.lateinamerika-studien.at

Einwohner bzw. Nutzer von sozialen Netzwerken, zumeist haarsträubende Behauptungen über Asylbewerber, meistens vor allem um ihrem Hass gegenüber Ausländern oder ihre Enttäuschung gegenüber der Regierung zu rechtfertigen[2]. Dieser Bezug zum Mythos kann mit einem Zitat von Kurt Rank belegt werden: „Die Funktion der Sage etwa ist es, über die resignierende Einstellung des Menschen zum Weltgeschehen auszusagen" (vgl. Ranke 1978: 33 in Petzoldt 2002: 50). Erstens kursierte der Mythos, Asylbewerber würden mehr Geld bekommen als Hartz IV Empfänger. Das entspricht nicht der Wahrheit. So bekommt ein alleinstehender syrischer Mann, wohnhaft in einer Erstaufnahmeeinrichtung, zur Deckung des monatlichen Bedarfs 216 Euro. Dies wird jedoch in Form von Unterkunft, Kleidung und Verpflegung „ausbezahlt". Als Taschengeld werden ihm zudem 143 Euro pro Monat zur Verfügung gestellt. Ein Hartz IV-Empfänger bekommt mit 399 Euro 40 Euro mehr im Monat (Stand 2015). Als weiteren Mythos kann die Behauptung angeführt werden, es würden nur Männer nach Deutschland kommen bzw. aus ihrem Heimatland fliehen. Ersteres entspricht der Wahrheit. Zwei Drittel aller Asylbewerber waren 2014 laut Bundesamt für Migration und Flüchtlinge männlich. Die Äußerung, die Situation der Geflüchteten könne in ihren Heimatländern nicht besonders gravierend sein, wenn deren Familien dort bleiben, ist jedoch falsch[3]. Laut Spiegel-Online verlassen nämlich Männer Regionen, in denen militärische Konflikte vorgehen, um einer direkten Beteiligung am Kampfgeschehen zu entgehen. Das bedeutet aber nicht, dass Frauen und Kinder in den Kampfgebieten zurückbleiben. Diese fliehen meist in Nachbarländer um dort Schutz zu suchen. Von dort begeben sich dann meist nur die Väter auf die gefährliche Reise nach Europa, um ihre Familien später im Idealfall nachzuholen[4]. Abschließend zu diesem Punkt lässt sich sagen, dass man insbesondere als Nutzer des Internets, stets in eigenem Interesse die Fakten nachprüfen sollte, ob die Informationen der Wahrheit entsprechen (vgl. Rothenberg 2017 in Zywietz 2018: 89).

---

[2] vgl. Riedman Eva, Körber Jasmin: Faktencheck zur Flüchtlingskrise-Die Wahrheit hinter den Flüchtlingsmythen in: www.br.de (14.09.2015)
[3] vgl. Riedman Eva, Körber Jasmin: Faktencheck zur Flüchtlingskrise-Die Wahrheit hinter den Flüchtlingsmythen in: www.br.de (14.09.2015)
[4] vgl. Maxwill Peter: Geschlecht und Asyl-Frauen und Kinder zuletzt: in www.spiegel.de (09.09.2015)

5. Zusammenhang Mythos und Kultur

Um den Zusammenhang von Mythos und Kultur nachvollziehen zu können, ist es wichtig einen weiteren Begriff einzuführen, den Stereotypen:

> *„A Stereotype is a fixed idea or image that many people have of a particular type of person or thing but which is not true in reality. The word comes from printing, where it was used to describe the printing plate used to produce the same image over and over again"* (vgl. Gibson 2010: 21).

Matthias Freise beschreibt das Zusammenspiel von Kultur, Mythos und Stereotyp folgendermaßen:

> „Wenn nämlich die Stereotypen das „Endlager" des kulturellen Prozesses darstellen, dann muss es auch einen Ursprungsort dieses Prozesses geben. (...) Dieser Ursprungsort ist der Mythos. Ist das [sic!] Stereotyp Abfall des kulturellen Prozesses, so ist der Mythos sein Rohstoff" (vgl. Freise 2005: 6).

Zu diesem Zitat sollte man noch anmerken, dass im Laufe des kulturellen Prozesses auch Vorurteile, also von Emotionen begleitete und abwertende Stereotypen entstehen können. Dies wird vor allem in den folgenden Beispielen sichtbar.

Aufgrund der langen Zeitspanne von der Antike bis heute, lassen sich leider keine Belege für Stereotype finden, deren Grundlage ein bestimmter antiker Mythos ist. Jedoch gibt es in der heutigen Zeit Unmengen davon. Als Beispiel wird der bereits in Punkt 4.1 genannte Mythos aus dem Buch: „Die Spinne in der Yucca-Palme", nochmals aufgeführt. Der Ausruf: „Aber es stand doch gestern in der Zeitung, daß [sic!] die dort mit Hundefutter kochen!" (vgl. Brednich 1990: 99 f.) bestätigt, dass sich diese vermeintliche Wahrheit bereits durch die Zeitung verbreitet hat. Dies könnte zur Folge haben, dass ab diesem Zeitpunkt der Stereotyp besteht, alle Griechen würden mit Hundefutter kochen. Es entsteht also aus dem Mythos, welcher laut Freise den Rohstoff des kulturellen Prozesses darstellt, ein Stereotyp, der sogenannte Abfall des kulturellen Prozesses. Wobei in diesem Falle wohl eher die Bezeichnung Vorurteil statt Stereotyp angemessener wäre.

Ein weiterer Mythos welcher als Rohstoff für den kulturellen Prozess angesehen werden kann, ist das in Punkt 4.2 genannte Beispiel, in dem behauptet wird,

Flüchtlinge würden mehr Geld vom Staat bekommen als deutsche Hartz-IV Empfänger.[5] Daraus und aus möglichen anderen Einflüssen, könnte sich vielerorts bereits das Vorurteil durchgesetzt haben, alle Flüchtlinge würden nur des Geldes wegen nach Deutschland kommen.[6]

Auch antike Mythen haben mehr Einfluss auf unser Leben und unsere Kultur, als es den Anschein hat. So sind sie zwar kein Leitfaden mehr, wie sie es zum Beispiel für die alten Griechen waren, aber sie fallen immer noch häufig in unserem Sprachgebrauch auf. Firmen benennen sich oder ihre Produkte nach mythischen Gestalten oder Gegenständen (zum Beispiel: Paketdienst Hermes, Unternehmen Olympus), Schriftsteller und Regisseure nutzen die Mythen als Erzählgrundlage und darüber hinaus finden sich unzählige Begriffe in Wissenschaften wie Medizin, Biologie oder Astronomie wieder (vgl. Unger 2016: 6).

Mythen können auch als Kulturindikatoren verstanden werden. Alleine die Verbreitung bestimmter Sagentypen kann Hinweise über die kulturräumliche Gliederung, Stammeswanderungen und historische Entwicklungen aussagen. Jedoch muss der Mythos, wie alle Volkserzählungen, stets aus seinem jeweiligen historischen, sozialen und kulturellen Kontext erschlossen und interpretiert werden, um seinen Ursprung zu verstehen (vgl. Petzoldt 2002: 195 f.).

6. Auswirkung von Mythen auf interkulturelle Kommunikation

In der interkulturellen Kommunikation treten altertümliche Mythen kaum in Erscheinung. Den einzigen Nutzen, den man im Hinblick auf interkulturelle Kommunikation aus altertümlichen Sagengeschichten ziehen kann, sind Erkenntnisse über die Kultur, ihre Religion und ihre Menschen zu gewinnen. Jedoch sind sie oft in Form von Stereotypen und Vorurteilen, deren Ursprünge meist mythologischer Natur sind, vorhanden. Welche Auswirkungen das auf die Kommunikation mit Menschen aus anderen Kulturen hat, wird im Folgenden erläutert.

[5] vgl. Riedman Eva, Körber Jasmin: Faktencheck zur Flüchtlingskrise-Die Wahrheit hinter den Flüchtlingsmythen in: www.br.de (14.09.2015)

[6] vgl. Grüne Partei NRW: Vorurteile gegen Flüchtlinge im Faktencheck in: www.gruene-nrw.de (20.02.2016)

Der Stereotyp, also das „Endlager“ des kulturellen Prozesses, kann helfen Vereinfachungen zu finden, um Menschen und Dinge, die oft Begegnung finden, einzuteilen. Auch wenn deren Kern nicht oft der Wahrheit entspricht, sind Stereotypen vor allem in der interkulturellen Kommunikation sinnvoll und hilfreich. Außerdem haben sie meist keinen abwertenden Inhalt gegenüber etwas oder jemanden und können auch positiv gemeint sein. Ein typisches Beispiel hierfür wäre der Satz: „Alle Schweden sind blond“.

Das Vorurteil, eine gefährlichere abwertende Form des Stereotypen, ist meist mit negativen Gefühlen verbunden und lässt sich nur schwerlich objektiv widerlegen. Es besteht zwar auch eine unbewusste Einteilung um Komplexität zu reduzieren, richtet sich aber, anders als beim Stereotypen, nicht selten gegen eine ganze Bevölkerungsgruppe. Typisches Beispiel: „Ausländer sind krimineller als Deutsche“[7]. Das Vorurteil stellt somit ein Hindernis in der interkulturellen Kommunikation dar und führt zu Kommunikationsbarrieren.

Grundsätzlich sollte bei interkultureller Kommunikation stets darauf geachtet werden, nicht zu viel dem Kulturunterschied des Gesprächspartners zuzuschreiben. Dabei ist zwischen dem was individuell zu der jeweiligen Person gehört und dem was zum kulturellen Hintergrund der jeweiligen Person gehört, zu trennen (vgl. Heringer 2014: 158).

7. Rückführung

Zusammenfassend lässt sich sagen, dass Mythen und Sagen Erzählungen sind, die über eine Möglichkeit menschlicher Welterfahrung aussagen und auch auf eine bestimmte Weise die Welt deuten wollen (vgl. Petzoldt 2002: 200). Bill Moyers schreibt in seinem Buch über den Professor und Autor Joseph Campbell:

> *„I have said that mythology is an interior road map of experience, drawn by people who have traveled it. (..) To him mythology was ‚the song of the universe‘, the music of the spheres‘-music we dance to even when we cannot name the tune”* (vgl. Campbell/Moyers 1988: XVI).

[7] vgl. Carla Baum: Der kleine Unterschied in: www.arte.tv (05/2017))

Insbesondere traditionelle Mythen können also sowohl als Anleitung zum Leben oder als Lebenseinstellung gelten. Beispiele für solch einflussnehmende Erzählungen liefern heute die Mythen der Bibel und deren gläubige Anhänger.

Bei modernen Mythen sollte man hingegen stets den Wahrheitsgehalt hinterfragen, um keine ungewollten Vorurteile zu produzieren, wodurch Barrieren in der interkulturellen Kommunikation entstehen könnten.

Auf die Frage ob Mythen ein Identifikationsmerkmal einer jeden Kultur sind, kann man nach Abschluss dieser Seminararbeit sagen, dass Mythen Kulturen maßgeblich prägen können. Jedoch ist laut Heringer das Konstrukt einer Kultur sehr komplex und es erscheint schwer Handlungsweisen und Handlungen von Millionen von Menschen in wenigen Worten zu fassen und zu beschreiben (vgl. Heringer 2014: 158). Trotz allem kann man sagen, dass jede Kultur ihre eigenen einzigartigen Mythen und Sagensammlungen aufweist und sich damit auch identifizieren kann.

8. Quellen

Literaturquellen:

Brednich, W. (1990): Die Spinne in der Yucca-Palme, München.

Campbell, J.; Moyers, B. (1988): The Power of Myth. Apostrophe S. Productions, Inc., and Alfred van der Marck Editions.

Comte, F. (2008): Mythen der Welt, Darmstadt.

Fischer, E. (2011): Warum Spinat nur Popeye stark macht-Mythen und Legenden der modernen Wissenschaft, München.

Freise, M. (2005): Stereotyp und Kulturmythos in der Kultur des 20. Jahrhunderts, Göttingen. In: Berwanger, K. (2005): Stereotyp und Geschichtsmythos in Kunst und Sprache. Die Kultur Ostmitteleuropas in Beiträgen zur Potsdamer Tagung, 16. - 18. Januar 2003, Frankfurt am Main, S. 6

Gibson, R. (2000): Intercultural Business Communication, Cornelsen Verlag.

Heringer, H. (2014): Interkulturelle Kommunikation, Tübingen.

Kauppert, M. (2008): Claude Levi-Strauss, Konstanz.

Kluckert, E. (2006): Schnellkurs Mythen und Sagen, Köln.

Petzoldt, L. (2002): Einführung in die Sagenforschung, Konstanz.

Rose, H. (1969): Griechische Mythologie-Ein Handbuch, München.

Schmid, C.; Stock, L.; u.a. (2018): Der strategische Einsatz von Fake News zur Propaganda im Wahlkampf. In: Zywietz B. (2018): Fake News, Hashtags & Social Bots-Neue Methoden populistischer Propaganda, Wiesbaden, S.89

Unger, S. (2016): Klassische Mythologie, Darmstadt.

Wilkinson, P.; Philip N. (2008): Mythologie, München.

Wodianka, S.; Ebert J. (2014): Metzler Lexikon moderner Mythen, Stuttgart.

Internetquellen:

Carla Baum: Der kleine Unterschied in: www.arte.tv (05/2017) zuletzt aufgerufen am: 05.02.2019

Elke Mader: Theoretische Mythenforschung-Theoretische Perspektiven und Beispiele aus Lateinamerika in: www.lateinamerika-studien.at zuletzt aufgerufen am: 25.01.2019

Grüne Partei NRW: Vorurteile gegen Flüchtlinge im Faktencheck in: www.gruene-nrw.de (20.02.2016) zuletzt aufgerufen am: 03.02.2019

Maxwill Peter: Geschlecht und Asyl-Frauen und Kinder zuletzt: in www.spiegel.de (09.09.2015) zuletzt aufgerufen am: 03.02.2019

Riedman Eva, Körber Jasmin: Faktencheck zur Flüchtlingskrise-Die Wahrheit hinter den Flüchtlingsmythen in: www.br.de (14.09.2015) zuletzt aufgerufen am: 02.02.2019